AF461692

CATALOGUE

DES

ESTAMPES

DU CABINET DE M. ***.

CONSISTANT

DANS LES ŒUVRES

DES MAISTRES D'ITALIE,

DE FLANDRES ET DE FRANCE:

Auquel on a joint une suite de Pieces Historiques, une Collection de Modes peintes & gravées, & un Recueil considérable de Portraits de tous Pays.

La Vente se fera dans un Appartement des RR. PP. Augustins de la Place des Victoires.

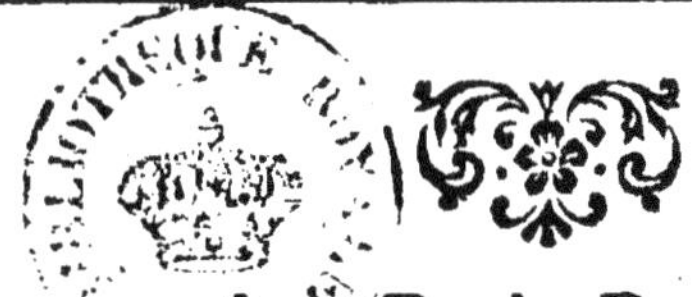

A PARIS,

Chez LE BRETON, Imprimeur ordinaire du Roi, rue de la Harpe.

M. D. CC. L V.

AVERTISSEMENT.

NOUS aurions pû entrer dans une deſcription étendue ſur pluſieurs Eſtampes capitales qui ſe trouvent dans ce Cabinet ; mais le peu de tems qui nous a été donné pour en former le Catalogue, nous a ſuffi à peine pour conſtater la quantité de morceaux, & pour en indiquer au moins quelques-uns.

On trouvera dans les trois Ecoles d'Italie, de Flandres, & de France, les Œuvres de pluſieurs grands Maîtres, & pour faciliter l'acquiſition de tel ou tel article de chacun de ces Maîtres, on a crû devoir les démembrer & les diviſer par lots. Néanmoins ſi quelqu'un ſe propoſoit pour acquérir l'Œuvre entier, nous nous ferions un plaiſir d'entrer dans cette vûe.

Au Recueil des Eſtampes connues ſous le nom du *Cabinet du Roi*, dont partie reliées, & partie en porte-feuille, on a ajoûté diverſes matieres, comme plantes & animaux par l'Académie, qui ordinairement ne s'y rencontrent pas. Les grandes Batailles d'Alexandre y ſont de l'impreſſion de Goyton, ce qui les caractériſent premieres épreuves.

L'Hiſtoire Naturelle compoſée d'animaux, oiſeaux, poiſſons, reptiles, nous a paru très-curieuſe : ce ſont tous morceaux peints en miniature, à *guazze* deſſinés & lavés très-proprement, ou gravés par Berghem, Paul Pooter, Viſſcher, la Belle, le Clerc, & autres bons Maîtres.

Le Recueil des Habillemens ou Modes eſt fort étendu : cette ſuite eſt pour la plus grande partie deſſinée & coloriée d'après les monumens anciens de la Monarchie Françoiſe, depuis Philippe-Auguſte 1223, & continuée juſqu'au regne de Louis XIV. On a joint à ce Recueil les habillemens des Acteurs, par Berain, Gillot, & autres.

Les Portraits ont toûjours été l'objet de notre admiration : en effet ils nous retracent le caractère & les traits des Hommes célebres dont l'Hiſtoire a décrit les actions vertueuſes & héroïques ; la Collection nombreuſe que nous expoſons à la fin de ce Catalogue, doit intéreſſer principalement pluſieurs familles illuſtres, dont les ancêtres ont contribué au bien & à la gloire de l'Etat, dans la Robbe, le Miniſtere, l'Epée, les Lettres, ou les Arts. On a laiſſé ſubſiſter les différens arrangemens qui ſe ſont trouvés dans ces Portraits; les uns ſont claſſés par état & condition, d'autres par familles; & une très-grande partie a été rangée ſous laforme de Dictionnaire, ou alphabétiquement; & enfin ceux qui ſont à la maniere noire, ont été raſſemblés, pour ne point interrompre les pieces d'un même Maître; particulierement celles de Smit, que l'on conſidère comme celui qui a excellé dans ce genre de Gravure.

A la ſuite des Eſtampes on vendra des Bronzes, Porcelaines, & autres Curioſités intéreſſantes dans différens genres, provenant du même Cabinet.

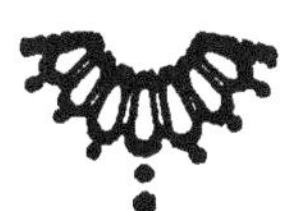

CATALOGUE
DES
ESTAMPES.

MAISTRES D'ITALIE.

1. LES quatre Elémens gravés d'après l'*Albane*, par *Etienne Baudet*, pieces en rond.

Œuvre de la Belle.

2. Premier volume contenant trois cent cinquante trois morceaux ; ſçavoir,
   Quatre-vingt-dix pieces, dont une Marche de Troupes, Payſages, &c.
   Quatre-vingt morceaux pour les Elémens du Deſſein.
   Quarante-cinq morceaux, Marines, &c.
   Soixante trois Trophées, Payſages, &c.
   Quarante-neuf morceaux dont le Temple de la Concorde.
   Les Vaſes de Médicis, &c.
   Vingt-ſix morceaux, le Livre des facécieuſes inventions d'Amour & de Guerre, faites dans le goût des *Gobbi de Callot*.

3. Suite de l'œuvre de la Belle.

Second volume, contenant cinq cent quatre-vingt-quatorze morceaux, & deux petits croquis à la plume; sçavoir,

Soixante-trois pieces du livre à dessiner.

Cinquante-quatre pieces, divers Cartouches, Animaux, &c.

Cent quatre-vingt-dix-neuf pieces.
- Le Jeu des Rois de France.
- Le Jeu des Reines.
- Le Jeu de la Géographie.
- Le Jeu des Fables.

Quatre-vingt-sept Sujets, dont divers Animaux, Oiseaux & autres morceaux de fantaisie.

Soixante-une pieces, Paysages en rond, Chasses & Marines, &c.

Vingt-neuf pieces, dont plusieurs sujets de Vierge, Saints, &c.

Quatre pieces, dont le Reposoir, morceau recommandable.

Quatorze pieces, dont les Portraits rares de Ferdinand II. Celui de François Prince d'Etrurie & autres.

Dix pieces, dont l'Entrée de l'Ambassadeur de Pologne dans Rome.

Et deux petites Esquisses à la plume pour le même sujet.

Quarante-huit pieces, dont la Fête faite à Florence en 1632 pour la Canonisation de S. André de Corsini, & les Décorations pour la Tragédie de Mirame, &c.

Six pieces, dont le Pont-Neuf.

Dix-neuf morceaux, dont le Siége d'Arras.

Michel-Ange.

4. Sçavoir, huit pieces dont les six Angles de la Chapelle Sixte, gravées par *G. Mantouan.*

5. Trente-trois pieces du même Maître, dont Ganimede ravi par l'Aigle de Jupiter.

6. Vingt-une pieces de Michel-Ange, Parmesan, &c. gravées par *G. Mantouan*, & autres bons Maîtres.

Vingt-sept pieces gravées par les Maîtres du tems, dont la Galathée.

Quarante pieces, dont le Neptune & le Parnasse.

Quatre-vingt-douze pieces, Antiquités de Rome.

Soixante-quatre pieces de divers bons Maîtres, dont le supplice ordonné par J. César, d'après Jules Romain.

Soixante-douze pieces, *idem*, dont le Siége de Troye, gravé par *J. Bonasonne.*

Trente-deux morceaux faisant la suite complette de l'Histoire de Psiché, avec le nom de Salamanque.

7. Neuf pieces de Parmesan, Salviati, Baccio Bandinelli, gravées par *S. de Ravenne*, *Bonazone*, *G. Mantouan* & *autres.*

8. Vingt-huit pieces, dont un Plafond

peint par Raphael, repréſentant les Amours qui déſarment les Dieux, gravé par *J. Audran*, en quatorze morceaux.

Plus, l'Hiſtoire de Pſiché gravée en dix planches, par *Perier.*

Neuf pieces compoſant la ſuite des Planetes, gravées par *Dorigny.*

Trente-deux pieces gravées par Auguſtin Vénitien & autres, dont la caſſolette par *Marc Antoine.*

Seize pieces gravées par Bonazone & autres, dont la danſe d'enfans gravée par *Marc Antoine.*

Quarante-huit pieces d'après Raphael, dont les Hyeroglyphes gravées par *G. Audran.*

Dix-ſept pieces gravées par Eneas Vicus, Silveſtre de Ravenne & autres, avec la Carcaſſe, par *Marc Antoine.*

Vingt-deux pieces gravées par M. Antoine & autres, avec l'école d'Athenes, par *G. Mantouan.*

Dix-huit pieces gravées par Bonazone & autres.

Trente-neuf pieces, dont la Cléopatre d'après Raphael, par *Marc Antoine.*

Vingt-deux pieces par Bonazone & autres.

Dix-huit pieces, dont le Neptune, par *Marc Antoine.*

Douze pieces, dont la Galathée, par *Marc Antoine.*

Trente-deux pieces compoſant l'Hiſtoire de Pſiché, gravée par *M. An-*

toine. (Belles épreuves.)

Huit pieces, dont le Jugement de Paris, gravé par *M. Antoine.*

Raphael.

5. Vingt-cinq pieces, dont l'Adoration des Bergers, gravée par *M. Antoine* : Le même sujet, par *A. Vénitien* ; une autre composition du même sujet, gravée par *Bloemaert*, belle épreuve, & autres sujets de piété, par différens Graveurs du tems.

Vingt-trois pieces, dont la Vierge appellée *à la longue cuisse*, par *M. Antoine* : la même, gravée par *Silvestre de Ravennes*, & autres sujets de piété, par les *Poilly*, *Boulanger*, *&c.*

Onze pieces, dont entr'autres les deux Massacres des Innocens, l'un par *M. Antoine*, deux autres par différens Graveurs du tems : La Sainte-Famille, gravée par *G. Edelink*, & autres sujets.

Huit morceaux composant la suite complette des cartons de Raphael, gravés à Londres, par différens Graveurs.

Treize pieces par différens bons Graveurs du tems, dont entr'autres la Vierge, dite *au bras nud*, par *M. Antoine* ; celle *au bras couvert*, par le même, &c.

Quinze pieces par différens bons Graveurs du tems, dont entr'autres le morceau appellé *les cinq Saints*, par *M. Antoine* ; deux Transfigurations, l'une de *C. Cort*, l'autre par *Thomassin*, *&c.*

Quarante-trois pieces, dont entr'autres la suite des douze Apôtres, gravée en petit, par *M. Antoine*; les quatre Evangélistes, par *A. Vénitien*, *&c.*

Trente-cinq pieces par différens Graveurs, dont entr'autres la petite Peste, & la Bataille surnommée *au petit couteau*, toutes deux de *M. Antoine.*

Vingt feuilles ou études de caracteres pour un livre de dessein, gravé par *Pigné.*

Trente-six pieces gravées par *Eneas Vicus*, *Vostermans*, & autres, avec la Sainte Cécile, par *M. Antoine.*

Trois portraits de Raphael, dont un gravé par *Bonazone*, & un autre par *Hollar.*

Cent dix-neuf pieces intéressantes, dont les Loges gravées en 52 planches, par *Chaperon* : celle gravée par *Villamen* en 18 morceaux, & une suite de bas-reliefs, gravés par *Pietre Sante Bartoli.*

Onze pieces, dont entr'autres David combattant Goliath, gravé par *M. Antoine* : Joseph & Putiphar, par le même : l'Ange qui conduit le jeune Tobie, par *Aug. Carrache.*

Vingt-huit pieces, dont Noé qui fait entrer les Animaux dans l'Arche, par *Bonazone* ; Joseph vendu aux Israélites, par le même : Héliodore chassé du Temple, gravé par *Carle Marat.*

Quatre-vingt-quinze pieces, dont la

suite des Grotesques ou Ornemens en dix-huit morceaux, & autres Ornemens qui sont peints au Vatican.

11. Cent treize pieces gravées d'après *Raphael*, *Michel-Ange*, & autres bons Maîtres.

Trente-six morceaux composant la suite complette du livre à dessiner, gravé par *Madame le Hay*, plus connue sous le nom de *Mademoiselle Cheron*.

12. Seize pieces d'après différens bons Maîtres, dont S. Paul & S. Barnabé à Listre: Ananie & Saphira, tous deux d'après *Raphael*.

Neuf pieces d'après *le Carrache*, *le Guide*, *&c.* dont la Fuite en Egypte, & l'Adoration des Bergers, gravées par *Poilly*.

13. Onze pieces d'après *le Titien*, *le Guerchin*, *Paul-Veronese*, *&c.* dont S. Pierre qui ressuscite la Veuve, gravée par *Bloemart*.

Trente pieces d'après *le Correge*, *Pietre de Cortonne*, *Albane*, *&c.* dont les quatre Elémens gravés en petit.

Œuvres d'Antoine Tempeste, premier volume contenant :

14. Quatre cent soixante-neuf pieces, sujets de l'Ancien & du Nouveau Testament ; un Plan de Rome, & autres morceaux.

Suite de Tempeſte, ſecond volume contenant

15. Cinq cent dix-huit pieces, Hiſtoire Romaine, Métàmorphoſes ; les 12 mois de l'année, & autres ſujets.

Suite de Tempeſte, troiſieme volume contenant

16. Cinq cent quarante-neuf pieces, Hiſtoire naturelle, ſçavoir Oiſeaux, Animaux & Chaſſes.

17. Onze pieces d'après *Michel-Ange & Jules Romain*, gravées par *Bonazone* & autres.

Douze pieces d'après *Raphael*, gravées par *Bonazone* & autres.

Trente-une pieces d'après divers bons Maîtres, par les mêmes.

Vingt-ſept pieces d'après *Baccio Bandinelli*, par *Eneas Vicus* & autres.

Quatorze Portraits gravés par *Eneas Vicus*, dont entr'autres celui de *Baccio Bandinelli*.

Quarante-ſept pieces, Monumens de Rome, dont les deux Colomnes Trajanne & Antonine, les Obéliſques, & diverſes Statues.

Cent une pieces, Monumens & Veſtiges de l'ancienne Rome, par différens bons Graveurs.

18. Divers bas-reliefs gravés par *Pietre*

Sante Bartoli, intitulés : *Admiranda Romanorum Antiquitatum vestigia*, en 81 morceaux reliés en veau. *in-fol.*

19. Traité de la Peinture, par *Léonard de Vinci.*

20. Un vol. in-fol. broché intitulé : *Triumphus novem seculorum imperii Romano Germanici, &c.*

21. La Galerie Farnese, gravée d'après *Annibal Carrache*, par *J. Belly*, in-fol. broché.

22. Les Peintures du Palais Barberin, sous ce titre : *Ædes Barberinæ, &c.* in-fol. parchemin, par *P. de Cortonne*, en 37 morceaux, y compris les trois titres, gravés par *Bloemart*, *Spierre*, *Clouvel*, *Blondeau*, & autres Maîtres.

23. Le Jardin des Hespérides, gravé d'après divers bons Maîtres d'Italie, par *Bloëmaert*, *Greuter* & autres.

23*. Quatre morceaux, dont le Crucifix du *Bernin*, gravé par *Spierre*; la dispute du S. Sacrement, d'après *Raphael*, par *C. Cort*, & autres.

La Gallerie de *P. de Cortonne*, par *Spierre*, *Bloemart*, & autres, en 24 pieces.

Vingt-une pieces, dont trois morceaux du *Benedette*; l'Adoration des Rois, & le S. Jérôme du *Dominicain*, 8 clair-obſcur, dont deux du *Parmeſan*, &c.

Trente-ſix pieces d'après *Michel-Ange*, *Dominiquain*, *J. Romain* & autres gravés par différens Graveurs.

Trente-ſix pieces d'après *Raphael*, gravées par *M. Antoine*, & autres anciens Maîtres.

Onze pieces du même, dont la Transfiguration, gravée par *C. Cort & Thomaſſin*, Héliodore, par *Carle Marat*, &c.

Soixante pieces d'après différens Maitres, dont la Prédication de S. Paul de *Carle Marat*; quatre Payſages du Mutian, & autres.

Sept grandes pieces de différens Maîtres, dont Sainte Juſtine de *Paul Veroneſe*, gravée par *Aug. Carrache*.

ECOLES HOLLANDOISE, Flamande & Allemande.

24. VIngt pieces, dont une ſuite de Deſſeins, Sujets Paſtorales, au nombre de 16, par *Albert Flamen*.

25. Quatre-vingt-quatre pieces gravées par *Albert Durer*, dont le S. Hubert.

Cinquante-huit pieces par le même, dont l'Enfant-Prodigue.

26. Quatre-vingt-dix-neuf pieces de *Hollard* & autres, parmi leſquelles ſont pluſieurs Portraits aſſez rares, & les Manchons.

27. Huit pieces gravées d'après *Jordans*, dont Mercure & Argus, le Satyre joüant de la Flute, & ſon pendant, &c.

28. Onze pieces de *Lucas*, de *Leyde* & *Hollard*, dont la danſe de la Magdelaine de *Lucas*, & quelques vûes, par *Hollard*, *&c.*

29. Cinquante - ſept pieces de *Lucas* de *Leyde*, dont la danſe de la Magdelaine.
Trente-ſix pieces du même, dont l'Adoration des Rois.

30. Vingt - une pieces de *Reimbrant*, & d'*Oſtade*, dont les Fumeurs, gravés par *Viſſcher*.

31. Soixante pieces, la plûpart gravées par *Oſtade*, parmi leſquelles il y a de très-belles épreuves.

Œuvres de Bernard Picart.

32. Volume relié en vélin vert, contenant les Pierres antiques, en 70 morceaux.

33. Quatre-vingt-dix-ſept pieces des Cérémonies Religieuſes.
Trente-quatre pieces, dont le Titre de l'Atlas hiſtorique, & celui du Dictionnaire hiſtorique.
Le Feſtin de Quirinus.
Le Cymbalum mundi.
Le Roſſignol.

Quarante-ſept pieces pour le Térence.

Suite de Bernard Picart.

34. Cinquante pieces de l'Ancien & du Nouveau Teſtament, ſujets de la Fable, titres de Livres, &c.

Soixante-treize pieces, divers Titres de Livres, Portraits, &c.

Suite de Bernard Picart.

35. L'Architecture de Palladio, diviſée en quatre Livres, avec les Notes d'*Inigo-Jones. La Haye 1726.*

Suite de Bernard Picart.

36. Vingt-huit pieces, dont huit morceaux de la Galerie du Préſident Lambert, titres de Livres & autres.

Suite de Bernard Picart.

37. Soixante-trois pieces, dont le Portrait de B. Picart, le Livre à deſſiner, & pluſieurs morceaux de Piété.

Vingt Portraits des principaux perſonnages qui ont aſſiſté au Concile de Conſtance.

Vingt-deux pieces, dont le titre de l'Hiſtoire de la République de Hollande.

Vingt-ſix pieces pour une édition de l'Iliade.

Trente-deux pieces, dont Zéphire & Flore.

Trente-trois pieces, titres de Livres, avec la ſatyre Menippée.

Quarante - deux morceaux, ſujets de Médailles & Portraits, dont celui du Prince Eugene, de Sinzindorf, &c.

Huit pieces, dont les Annales de la Monarchie Françoiſe, & le Traité de Paix.

Vingt-huit morceaux, dont le Souléve-ment des quatre Princes du Mogol contre l'Empereur leur pere.

Soixante-dix pieces pour deux éditions du Lutrin.

Vingt-ſept pieces, divers titres de Livres, &c. avec le Caroſſe du Duc d'Oſſone.

Vingt-huit pieces, ſujets de Tabatieres.

Soixante-neuf pieces, Modes en petit, & autres Sujets.

Quinze pieces, dont deux épreuves du Maſſacre des Innocens, avec les différences de la Couronne ſur la tête d'Hérode, & Sans Couronne; & deux épreuves différentes connues ſous le nom de *Quincampoix* ou l'*Agiot.*

Vingt-neuf pieces, dont le Coriolan; la Reine Zénobie, le Baptême de Clovis; quelques-unes ſont imprimées ſur le papier de ſoye de couleurs.

Vingt-quatre pieces, Médailles, Portraits, Armes, &c.

Quatre morceaux, ſçavoir deux épreuves différentes de la Minerve; Charles Premier, & Marie Stuart décapités.

Onze Epitalames. . . . .

38. Neuf pieces gravées par *Rembrant*, & autres Maîtres de son Ecole, dont l'*Ecce-Homo*, & la descente de Croix.

Douze pieces de *Rembrant*, dont différens sujets de S. Jérôme.

39. Trente-trois pieces de *Rembrant* & de *Van-Uliet*, dont la grande mariée Juifve, le Samaritain, &c.

Rubens.

40. L'Entrée du Cardinal-Infant dans les Villes d'Anvers & de Gand, volume relié en veau.

41. Les Palais de Genes, gravés sur les desseins de *Rubens*, reliés en parchemin.

42. Cinq morceaux d'après *Rubens*, dont les trois graces, &c.

Cinq autres morceaux, sujets de Piété, dont le S. Ignace, & le S. François-Xavier.

43. La Galerie du Palais du Luxembourg, peinte par *Rubens*, & gravée par les meilleurs Maîtres du tems, reliée en veau; ce volume est recommandable; les premieres épreuves qu'il contient sont très-rares à trouver aujourd'hui.

Les Sadelers.

44. Quatre-vingt-sept pieces, sujets de l'Ancien Testament.

Cinquante-ſept pieces, ſujets du Nouveau Teſtament.

Soixante-cinq pieces, *idem.* . . . . .

Cinquante pieces, *idem.* . . . .

45. Quarante-ſept pieces, du Nouveau Teſtament.

Cinquante-ſept pieces, *idem.* - - - -

Cinquante-neuf pieces, *idem.* - - - -

Cent quarante pieces, dont les Hermites hommes & femmes, avec quelques autres ſujets emblématiques.

Les Sadelers.

46. Douze pieces, ſujets allégoriques, dont Hercule entre le Vice & la Vertu.

Cent dix-ſept pieces, ſujets de Fables.

Trente-neuf pieces, dont les 12 Empereurs & les 12 Impératrices. L'enlévement des Sabines, &c.

Trente-trois Portraits, Papes, Empereurs, & autres.

Vingt-ſix Portraits de différens Seigneurs & autres.

Quatre-vingt-dix pieces, dont les Saiſons, les 12 Mois de l'année, les ſept Planettes, & autres ſujets.

Les Sadelers.

47. Cinquante pieces, Ruines de Rome; épreuves avant le nom de *Marc Sadeler.*

Quarante-cinq pieces, dont les Vaſes d'après *Polydor*, & Payſages.

Cent six pieces, *Bavaria Sancta*, ou les Saints de Baviere.

Trente pieces, Paysages.

Les Sadelers.

48. Trente-quatre pieces, sujets de l'Ancien Testament.

Quatre-vingt-trois morceaux, sujets du Nouveau Testament, & autres.

Soixante-onze morceaux, sujets de la Fable, Chasses & Paysages.

Sadeler.

49. Symbola ac Hierographia divina & humana Pontificum, Imperatorum, Regum. Ex museo Octavii strada, cum figuris Egid. *Sadeler.* Pragæ 1601. in-fol. veau.

Teniers, Mieris, Brouver.

50. Quarante-sept morceaux, dont la plûpart sont gravés à l'eau-forte. Cet article est très-intéressant pour la beauté des épreuves, & leur rareté.

Vandick.

51. Neuf pieces, dont le portrait de l'Auteur, & huit têtes gravées à l'eau-forte, par *Van-Kessel.*

Neuf morceaux de piété, dont une Sainte Famille & une Vierge, par *Bolsvert* & autres.

Huit

Huit autres morceaux, dont une Sainte Famille, où sont des Anges qui expriment leur allégresse par une danse.

Sept pieces, dont l'*Ecce-Homo* gravé à l'eau-forte, par *Vandick*.

Un Couronnement d'épines, par *Bolsvert*.

Six pieces, dont Jesus-Christ en Croix, S. Dominique, & une Sainte du même Ordre.

Vingt-cinq pieces, dont les Apôtres & la descente de Croix, par *Bolsvert*.

Cinq pieces, dont le S. Augustin par *Bolsvert*, Samson & Dalila, par *Snyers*

Onze pieces, sujets de la Fable, dont le sommeil de Renaud & son pendant.

Trente-huit Portraits, dont quelques-uns gravés par *Hollard*.

Seize Portraits, dont Charles Premier Roy d'Angleterre, Henriette de France son épouse, gravés par *Voerst*, & celui de Cromwel à cheval.

Suite du Vandick.

2. Trente-un Portraits, dont quelques-uns gravés par *Hollard*, & les autres de l'édition de *Vanden-Enden*.

Dix-huit Portraits, dont plusieurs de la même édition.

Trente-six Portraits, dont plusieurs de *Hollard*, autres de l'édition de *Vanden-Enden*, avec les 12 Comtesses, gravés par *P. Lombart*.

Vingt-deux Portraits divers, parmi lesquels il s'en trouve de *rares*.

Suite du Vandick.

5[illegible]. Trente-six Portraits d'hommes Illustres, dont la plus grande partie sont de l'édition de *Vanden-Enden.*

Trente-six Portraits d'hommes Illustres, gravés à l'eau-forte, par *Vandick*, & autres de l'édition de *Vanden-Enden.*

Quarante-deux Portraits d'hommes Illustres, *idem.*

Dix Portraits en pieds, gravés par *Gunst.*

Wouwerman & Vansalins.

34. Quarante-quatre pieces gravées d'après ces Maîtres par *M. Moyreau;* elles sont premieres épreuves.

Van-Velde & Elsheimer.

55. Huit morceaux, dont les quatre heures du jour d'après *V. Velde*, & la piece appellée *la Sorciere*, gravée par *H. Goudt*, Comte Palatin. Belle épreuve.

Petits Maîtres.

56. Deux cent quatre-vingt-quinze pieces inventées & gravées par *George Pens*, *Hisbens*, & autres.

Deux cent quatre-vingt-quinze pieces, par *George Pens*, *Aldegrever*, & autres.

Nota. Les pieces gravées de ces Maîtres sont assez estimées pour n'ajouter rien à leurs noms.

57. Onze pieces, sous le titre de Mêlanges, dont le reniement de S. Pierre & autres, gravées par *Bolsvert* & *Bloemart*, *&c.*

58. Vingt-deux morceaux sous le titre de Mêlanges, dont quelques Sujets & Portraits de Jésuites, parmi lesquels se trouve celui du Pere Bourdaloue, très-bien enluminé.

59. Procession & Cérémonies qu'observent les Chevaliers de l'Ordre du Bain, avec leurs Titres, leurs Armes, leurs noms, & ceux de leurs Ecuyers, enrichies d'une Explication Angloise & Françoise. *Londres 1730.* en 19 planches.

60. Trente-sept pieces emblématiques & burlesques, gravées par *Cock*, d'après le *Breughel.*

61. Vingt-deux pieces gravées par *Schenk*, & imprimées en rouge, sous le titre de *Théatre de la Guerre*, pendant le Regne de Charles II. Empereur.

62. Un volume de Métamorphoses, d'après *Ab. Diepenbeck*, in-fol. obl. veau.

63. Académie de l'Epée, de Girard Thibault, Maître d'Armes, *à Anvers.* in-fol. Cartâ maximâ, veau.

64. Exercice de la Chasse, d'après *J. Stradan*, 1 vol. veau obl.

65. Divers chevaux, par *Stradan*, 1 vol. veau obl.

66. Le Cabinet de l'Archiduc, ou le Théatre des Peintures de Léopold, Archiduc, mis au jour par *D. Teniers*, en 62 morceaux, in-fol. veau.

67. La suite des Comtes de Hollande, gravés par *C. Vischer*, 1 vol. relié en parchemin.

68. Troubles & Massacres du Brabant & des Pays-Bas, 1 vol. relié en veau.

69. Les Fables d'Esope, un vol. in-8°. en parchemin.

70. Histoire de S. Augustin, gravée par *Balsvert*, 1 vol. in-4°. obl. parchemin.

71. La Vie de S. Thomas d'Aquin, par *Otho-Vænius*, en 30 planches, 1 vol. in-fol. veau.

71*. Quinze pieces, dont la Vierge au Hibou, & les trois grandes têtes, par *Albert Durer*; Adam & Eve, Loth, & le grand *Ecce Homo* en travers, par *Lucas de Leyde*, &c.

Vingt pieces de *Goltzius*, dont la Visitation, gravée par *Mathan*, belle épreuve; les trois Statues, les trois Parques, &c.

Soixante pieces de *Hollar*, dont douze feuilles de Vaisseaux, Chasses, Portraits, &c.

Six pieces, dont la dispute d'Apollon & Midas, par *Goltzius*; l'Alliance de Bacchus & de Venus, par *Saenredam*. Jupiter enfant, & le Dieu Pan, d'après *Jordans*.

Quatre pieces de *Muller*, sçavoir un Groupe vû de trois côtés, représentant l'enlévement d'une Sabine, & Apollon tirant de l'Arc.

Dix-sept Portraits en maniere noire; dont onze de *Smith*, entr'autres celui du Duc d'Ormond, *Charles Napier*, rares.

Huit autres Portraits en maniere noire, gravés par *Smith*, dont le Czar, *Sydenham*, *Corelly*, *Thomas Gill*, *la Veuve*, & autres.

Deux pieces, sçavoir le Bal d'Ostade, & le coup de Couteau, gravés par *Suyderhvef*.

Vingt-une pieces, dont quinze par *Rembrandt*, entr'autres l'Annonciation aux Bergers, & les quatre Evangélistes de *J. Livens*, &c.

Sept pieces d'après *Rubens*, dont le Melchisedeck, le S. François de *Vischer*, le S. François Xavier, &c.

Treize pieces d'après *Rubens*, dont la présentation au Temple, &c.

Seize pieces de *Seghers* dont une grande Adoration des Rois, par *P. Pontius*; les Apôtres par *Bolsvert*, & la Sainte Cécile par *Lauwers*.

Dix-huit Portraits de *G. Sadeler*, dont plusieurs rares.

Trente-six pieces, dont les douze Empereurs, & les douze Impératrices d'après le *Titien*, par *Sadeler*, & les Empereurs, figures à cheval d'après *Stradan*.

Deux pieces d'après *Vandick*, sçavoir le Couronnement d'épines, gravé par *Bolsvert*, & Jesus-Christ en Croix, par le même.

Huit pieces de *C. Wischer*, sujets & Portraits, dont J. C. au tombeau, la mort aux Rats, la Bohémienne, Bouma, Junius, &c.

Treize pieces représentant différens Jugemens célebres, gravés par *Swanenburg*, d'après *wtenwael*, dit le Maître aux Cornes, parce que les doigts de ses figures sont disposés de maniere que toutes montrent les cornes, suite rare, & très-belle épreuve.

Quarante-cinq pieces de différens Maîtres, dont un Paysage de *Berghem*, deux clairs-obscurs de *Bloemaert*; la Vision & le ravissement de S. Pierre du Cabinet de *Reynst*; la grande Tabagie d'Ostade, par *Visscher*, &c.

ECOLE FRANÇOISE.

CEnt quatre-vingt-quatre pieces, composant l'œuvre d'Abraham Bosse Dessinateur & Graveur, au nombre desquelles sont compris quelques morceaux de *Michel Lasne*, en 1 vol. in-fol. obl. parchemin.

73. Addition à l'œuvre d'Abraham Bosse, contenue dans un vol. in-fol. relié en veau.

74. Six pieces d'après *le Sueur* & *le Bourdon*, dont le Martyre de S. Laurent, Aléxandre avalant la coupe, la Sainte Famille au Pigeon, de *Bourdon*, *&c.*

75. Cinq pieces d'après *Louis de Boullongne*, sçavoir les quatre Elémens, & la Présentation au Temple, gravée par *Drevet.*

76. Cent trente pieces, formant l'œuvre de Berain.

77. Neuf morceaux de la Gallerie & du Plafond du Palais Royal, d'après *Ant. Coypel*, le morceau de l'assemblée des Dieux, en quatte planches, n'est compté que pour une piece.

Dix-neuf autres pieces d'après *Antoine Coypel*, dont le Sacrifice d'Abraham, l'Annonciation, le Jugement de Salomon, &c.

78. Dix morceaux dont Psiché & l'Amour, Vertumne & Pomone, &c.

Onze pieces, dont un Bain de Diane; Vénus sur les eaux, Bacchus & Arrianne.

79. Trente morceaux, Histoire de Dom-Quichotte, dont 25 d'après *Charles Coypel.*

François Chauveau.

80. L'œuvre de ce Maître eſt compoſé de ſujets de l'Ancien & du Nouveau Teſtament, la vie de S. Bruno, ſujets Hiſtoriques, Titres de Livres, Vignettes, Statues, &c. formant 1442 pieces, le tout contenu dans deux vol. in-fol. maroquin rouge.

Jacques Callot.

81. Quatre-vingt-quinze pieces, dont la Vie de la Vierge ſous des emblêmes, le Purgatoire, le S. Paul gravé au burin, le S. Manſuet, & deux Portraits de *Callot*.

Quatre cent quatre-vingt-neuf pieces du Martyrologe, ou Images des Saints de l'année, avec les Fêtes mobiles.

81. Quarante-trois pieces, dont la Sainte Famille d'après *André Delſarte*; la Sainte Famille d'après *Sadeler*, rare; le Portrait du Chevalier Dervet; l'*Ecce Homo*; la Poſſedée; les quatre Banquets; la petite Paſſion, dont quelques morceaux en rond, & d'autres en ovale.

Trente-une pieces, dont neuf Payſages; le Portrait de Coſme II. Les Aſtrologues, Coûtume de Lorraine, la Sainte Apocataſtaſe; les ſept Péchés Capitaux, &c.

Quarante-quatre pieces, dont la grande Paſſion

Paſſion en ſept morceaux; les Pénitens; la petite Aſſomption ovale; S. Jean dans l'Iſle de Pathmos; le Paſſage de la Mer rouge; la vie de la Vierge; les Martyrs des Apôtres en petit.

Cinquante-trois pieces, dont les grands Apôtres en ſeize pieces; le Nouveau Teſtament en treize pieces; la Vie de l'Enfant-Prodigue en douze pieces, avec le titre avant la lettre; les Eloges de la Vierge, dont quelques-uns avant la lettre. 10

Dix pieces, dont le petit Portement de Croix; le S. François dans la Tulipe; le petit Porte-Dieu; la Place de Sienne; deux épreuves différentes du Bras armé, dont le plus petit eſt déja cité dans le Catalogue de M. de Lorangere, par *Gerſaint*, pag. 118. 16.

Neuf pieces, dont le Bataillon quarré; la petite Treille; les Meſureurs de Bleds; la Tentation; les Portraits de Louis XIII. à cheval, du Duc de la Valette, & celui du Prince de Phalſbourg. 12. 3

Cinq pieces; ſçavoir les quatre Bohémiens, & la Foire de Florence; belle épreuve. 28.

82. Douze pieces, dont la petite Foire avant la lettre; la grande Thèſe dédiée à François Duc de Lorraine par ſon fils, en deux planches; les quatre Marines; & quelques Payſages. 14 6.

Dix feuilles de Monnoyes. 9

C

Le Tableau de St. Pierre de Rome en 30 pieces. 3 1.

83. Quarante-six pieces, ſçavoir la Jardiniere ; ſuite de la Nobleſſe ; les Payſannes & les Gueux.

Cent trente-trois pieces, dont les Caprices, gravés à Florence, & ceux gravés à Nancy ; les Exercices Militaires, y compris les deux petites Batailles.

Soixante-treize pieces ; ſçavoir les Miſeres de la Guerre en grand ; le Martyr de S. Sébaſtien ; la ſuite des *Varie figure* ; les deux petites vûes de Paris ; la ſuite des *Varie figure Gobbi*, & celle des *Balli* ou *Curucucu*.

Dix-huit pieces, ſçavoir les trois Gandolins ; les vûes de Florence ; le Catafalque de l'Empereur Matthias, &c.

Cinq pieces, ſçavoir la Pandore, la grande rue de Nancy, la Vierge d'après *Ventura Salimbeni*.

Trente-huit pieces, ſçavoir les Intermedes ; les Filoux ; l'Entrée du Duc de Lorraine ; Fêtes pour le Grand Duc de Toſcane ; l'Eventail, & le Ballet de Soliman.

Vingt pieces, ſçavoir la petite Paſſion ; le combat de Veillane ; les trois Sacrifices ; la Ferme ; la Grange ou la Glaneuſe ; J. C. mis au tombeau, d'après *Salimbeni*, & le Portrait de Peri.

Cinq pieces, ſçavoir la Chaſſe ; le parterre de Nancy ; les deux grandes vûes de Paris, & la Deſcente dans l'Iſle de Ré.

Dix pieces, ſçavoir les deux Maſſacres des Innocens, gravés à Florence & à Nancy; les quatre Payſages en large; le Portrait de Delorme; le S. Claude; & deux épreuves du *Benedicite*, dont l'une n'eſt point achevée.

Les trois grands Siéges, ſçavoir le Siége de la Rochelle en ſeize pieces; le Siége de Breda en huit pieces; le Siége de l'Iſle de Ré en ſeize pieces. Ces morceaux ſont avec leurs explications.

Suite du Callot.

84. Seize pieces Hiſtoriques pour la Pompe funébre de la Reine d'Eſpagne.

Quinze pieces, Batailles de Médicis, dont une un peu gâtée.

Dix pieces, dont l'Eventail; le Portrait de François de Médicis & autres.

Cinq petits deſſeins lavés au Biſtre.

La grande Foire de Florence, avec les trois armes.

Trente-quatre deſſeins d'après leſquels *Callot* a gravé les différens ſujets Hiſtoriques de la Généalogie de la Maiſon de *Porcelet*; l'explication eſt au bas des deſſeins.

La Généalogie de la Maiſon de Porcelet; cette Généalogie eſt entourée de trente-trois petits morceaux gravés, qui repréſentent divers ſujets Hiſtoriques ſur cette Maiſon. On voit au haut de cette piece J. C. debout, tenant sa Croix. *Nota.* Cette piece est unique, & n'est absolument connue que dans cet œuvre.

Dessein au bistre fait avec esprit & intelligence, du sujet de la grande Thèse soutenue par le fils du Duc de Lorraine.

Trois desseins faits à la plume, dont les sujets représentent des Fêtes données à Florence.

La grande Tentation en deux feuilles.

Douze pieces, dont un petit dessein très-fini, représentant une danse en rond; deux Figures Orientales, & autres.

Suite du Callot.

85. Recueil des Armes & Blasons de toutes les Maisons nobles & anciennes du Duché de Lorraine, en 172 pieces.

86. Les figures du Voyage de la Terre-Sainte, reliées en un volume, maroquin rouge.

De Troy.

87. Seize pieces, dont la Peste de Marseille, arrivée en 1720, gravée par *Thomassin*; la Suzanne; la Bethsabée, &c.

Corneille, Blanchard, Hallé, Colombel & autres.

88. Trente-quatre pieces, d'après *Fr. Corneille, Hallé* & autres.

Trente-huit pieces d'après *Colombel*, *Blanchard* & autres.

89. Quinze pieces du Roman Comique, la plûpart d'après *M. Dumont* le Romain.

Gillot.

90. Cent quatre pieces, y compris ſoixante-cinq Fables de la Motte, gravées par *Gillot.*

Quatre-vingt-quatre pieces des habillemens de Théâtre, dont ſoixante-ſeize morceaux ou Eſtampes coloriées d'après les Gouaſſes qui ont été faites pour un Ballet du Roy.

Cent vingt morceaux, dont la Vie de J. C. & ſujets de Théâtre.

91. Cent cinquante morceaux, dont les Fables de la Motte, les quatre Paſſions de l'homme, &c.

Jouvenet.

92. Dix pieces, dont la Magdeleine chez le Phariſien ; les Vendeurs chaſſés du Temple ; la deſcente de Croix, &c.

Jouvenet, Mignard & autres.

93. Dix-ſept pieces d'après ces bons Maîtres.

Le Clerc.

94. Cent treize pieces, dont l'Hiſtoire Sa-

crée de Brianville ; deux morceaux pour la Bible de Royaumont, &c.

Cinquante-huit pieces, dont partie de l'Hiſtoire Sacrée de Brianville ; le *parvulus*, ou le petit Berger, deux épreuves avec différences ; la multiplication des Pains, &c.

Trente-ſept pieces, ſçavoir la Paſſion de J. C en trente-ſix morceaux, & J. C. en Croix, in-8°.

Cent ſoixante-cinq pieces, ſçavoir les trois ſuites des Cérémonies de la Meſſe & autres.

Vingt-huit pieces, les Vignettes du Concile, du S. Auguſtin & de l'Hiſtoire Eccléſiaſtique &c. rares.

Quatre cent quatre-vingt-ſix pieces, faiſant la ſuite de tous les Saints de l'année.

Suite de le Clerc.

95. L'Académie des Sciences, épreuve avant l'ombre, qui depuis a été continuée juſqu'au bout du bas de la Planche à main droite.

Cent ſoixante-quatorze pieces pour la petite Géométrie, pour le point de vûe, y compris quelques Vignettes, avec des différences.

Dix-ſept pieces, dont la Meſure de la Terre ; les Figures & Vignettes pour l'abregé de Vitruve, par *Perrault.*

Vingt-ſept pieces, pour le Vitruve de *Perrault*, in-fol. & les Edifices antiques, par *des Godets.*

Cent quatre-vingt-quatre pieces, Traité d'Architecture de *le Clerc*.

96. Dix pieces, dont la Pierre du Louvre, épreuve avant l'année 1656, imprimé ordinairement ; les gonds de Pierre d'Angleterre, &c.

Vingt-cinq pieces, dont la Fortification du Briois, & deux Titres pour la grande Géométrie, avec des différences.

Cent deux pieces, dont les Principes du Dessein, les Caracteres des Passions, & les figures Académiques.

Soixante-neuf pieces, dont le Livre des divers habillemens des anciens Grecs en 25 morceaux, divers Etats & Conditions de la vie humaine en 24. Le Livre des Modes, en 20 pieces.

Quatre-vingt-dixmorceaux, dont le Livre à dessiner, dédié à M. Colbert d'Ormoy, en 32. Celui dédié à M. Boucœur, en 22 pieces. Celui dédié à M. de Courtanvaux, en 36 pieces.

Soixante-dix-huit Paysages, & plusieurs Livres de principes du dessein.

Cinquante pieces, dont plusieurs Vignettes, Culs-de-Lampes, & Lettres grises, parmi lesquels il se trouve des épreuves rares.

Cent seize pieces, sçavoir l'Histoire des Isles Antilles, en 10 morceaux ; les Muses en quatre morceaux ; les Métamorphoses d'Ovide en 38 pieces ; le Labyrinthe de Versailles en 41 pieces ; les Fables d'Esope en 23 pieces.

Trente-une pieces, dont deux épreuves de l'Apothéose d'Isis, avec les changemens ; l'Histoire de Psiché en quatre pieces ; la Vignette de Tivoli & autres.

Quatre-vingt-neuf pieces, dont les Poëtes Italiens en 64 pieces, sçavoir *la Jérusalem délivrée ; la done del Marino ; il Pastor fido ; la filli di Sciro l'Aminta* ; la Cour d'amour en sept pieces ; les Vignettes pour L. le Laboureur & autres.

97. Les huit Tapisseries du Roy, représentant les Elémens & les Saisons, avec les 32 devises.

98. Vingt-une pieces, la Procession des Chevaliers de l'Ordre du S. Esprit, avec les Armes des Chevaliers ; leurs Offices.

Trente-quatre devises des Tapisseries du Roy, y compris deux frontispices.

Quarante-trois morceaux, suite des Animaux.

Quatre morceaux, des quatre Conquêtes, qui ont servi pour des Tapisseries, sçavoir la prise de Douay ; la prise de Tournay ; la défaite du Comte de Marsin, & l'Alliance des Suisses.

99. Six pieces, faisant la suite des Batailles d'Alexandre.

Deux épreuves de l'Entrée d'Alexandre dans Babylone, dont la tête tournée du côté de la Ville, rare.

Vingt-deux pieces, dont l'Hiſtoire du Cardinal de Ximenès ; le titre de l'Hiſtoire des Goths, &c.

*

Cérémonie de l'Ordre du Mont-Carmel, faite dans la Chapelle de Verſailles, par *M. Dangeau*, épreuves avec la lettre & ſans la lettre ; Conquêtes de Louis XIV. en ſept morceaux ; le Titre des Converſations de Mademoiſelle de Seuderi, & autres.

Trente-trois pieces, dont les Conquêtes de Louis XIV. l'Arc de Triomphe au Trône ; la jonction des deux mers, &c.

Cent-trois pieces, dont les quatre Jeux ; Proceſſion & Office des Chevaliers du S. Eſprit ; le Catafalque du Roy de Suéde ; diverſes Médailles & Culs-de-lampes.

Soixante-dix pieces, pour l'Hiſtoire de la Maiſon de Lorraine, & celles de la Maiſon de Bouillon.

Soixante-dix-ſept pieces, dont l'Hiſtoire des Turcs, où l'on a joint les quatre morceaux qui ne ſont pas communs : l'Hiſtoire des Mathurins en onze morceaux ; les Remarques d'Abraham Fabert & autres.

100. Cent cinquante feuilles de Monnoyes & Médailles.

101. Quarante-une pieces, ſçavoir les Animaux, avec leurs explications, (épreuves avant que les Planches euſſent été tronquées, au nombre de vingt-neuf morceaux) & douze autres, rares, & ſans explications.

Le Brun.

102. Dix pieces, dont le Plafond de la Chapelle de Sceaux; celui de la Chapelle du Séminaire de S. Sulpice; le Moyſe & les filles de Jethro.

Onze pieces du même, dont S. Louis proſterné devant la Couronne d'épines; le Martyre de S. Etienne; l'élévation en Croix, &c.

103. La petite Galerie du Louvre, ou d'Apollon, gravée par S. André.

Le grand Eſcalier des Ambaſſadeurs, gravé par *Surugue.*

Les Plafonds de l'Aurore & du Soleil, peints à Sceaux. La ſuite des Fontaines, & les Pavillons de Marly.

Le Pautre.

104. L'œuvre de le Pautre, relié en cinq volumes in-fol. avec un porte-feuille ſervant de ſupplément, le tout formant 2122 pieces.

Nota. La variété des morceaux dont ce Recueil ſi connu & ſi eſtimé eſt composé, fait honneur au génie de le Pautre: il eſt à la fois bon Architecte, grand Décorateur, Graveur-Auteur, qui excelloit dans l'Hiſtoire, dans le Paysage, &c. tantôt il gravoit ses propres idées, ou prêtoit son burin pour celles des autres.

Lancret.

105. Vingt morceaux, dont les quatre âges gravés par *Larmessin* & autres.

Mareuil.

106. Huit pieces, représentant des figures chargées, connues sous le nom de *Caricatures*, dont le Magister de Vaujour.

Mignard.

107. Huit pieces, dont la Coupole du Val-de-Grace; le Portement de Croix, la Sainte Cécile, &c.

Claude Mellan.

108. Quinze morceaux, sujets de la Bible.
Vingt pieces du Nouveau Testament, dont Jesus-Christ mené au Supplice.
Quatorze pieces, *idem*, dont la Sainte Face gravé d'un seul trait.
Quinze pieces, dont les Apôtres gravés en petit; un S. Luc; & une piece de dévotion, représentant le S. Sacrement.
Quatorze pieces, sujets de Saints & de Saintes, Titres de Livres, parmi lesquels est celui des Confessions de

S. Augustin, avec la lettre & sans la lettre.

Vingt morceaux, sujets divers, dont un S. Bruno, moyenne grandeur, très-rare.

Saint Pierre de Nolasque porté par deux Anges. Cette piece est recommandable par sa rareté : elle est regardée comme le chef-d'œuvre de *Mellan*.

Quatre grandes Planches sur lesquelles sont représentés cent Martyrs de l'Ordre des Peres de la Mercy, rares.

Treize pieces, Sujets de Saints, gravés en petit ; & la sainte Marie de Socos, gravée d'une plus grande forme.

Quarante-neuf moreeaux, divers sujets, parmi lesquels il s'en trouve de rares ; entr'autres, Saint Ignace, Saint François Xavier, allégoriquement traités, Saint Stapin, &c.

Vingt-une pieces, titres de livres, & Portraits, au nombre desquels sont les Triomphes de Louis XIII, de l'Empereur Ferdinand, & autres.

Vingt-neuf morceaux, sujets divers, titres de livres, Office de la Sainte Vierge, & quelques Portraits.

109. Vingt-neuf Portraits de divers Ecclésiastiques, & autres pieces.

Cinq Portraits de Religieux de l'Ordre de Saint François, ou Capucins ; dont un dessiné d'une très-grande beauté.

Neuf Portraits, dont celui de Catherine, Princeſſe de Toſcane, Ducheſſe de Mantoue, très-rare.

Douze Portraits, parmi leſquels ſe trouve la piece repréſentant les Triomphes des Ducs de Savoye, gravée d'après *Vouet*, piece très-rare.

Trente Portraits de divers Gens de Robe.

Quatorze Portraits & Armoiries rares.

Dix-ſept morceaux, Sujets & Portraits, dont celui de Juſtinian, rare.

Quatorze pieces, dont dix pour un Livre d'hiſtoire in-12.

Quarante-quatre Buſtes & Statues antiques, dont pluſieurs ſont de la Gallerie Juſtiniane.

Vingt-ſept pieces, Sujets de la Fable, & titres de Livres.

Nanteuil.

110. Trente trois morceaux, Sujets & Portraits, dont celui de Nanteuil : trois figures en pied de Jeſus-Chriſt ; un Concile en petit ; une Sainte Famille : deux Couronnemens d'épines avec des différences : la Sainte Vierge en pendant ; & pluſieurs Portraits de Louis XIV, de Princes du Sang, & quelques Princes Etrangers.

Soixante-treize Portraits & Armoiries de Cardinaux, Archevêques, Evêques, & Abbés Commendataires.

111. Trente Portraits d'Evêques, Abbés, Religieux & autres Gens d'Egliſe.

Vingt-deux Portraits de Princes, Seigneurs & Grands Officiers François & Etrangers, dont celui de Dom Juan d'Autriche, & du Maréchal de Turenne.

Trente-un Portraits de Chanceliers, Miniſtres & Secrétaires d'Etat.

Vingt-quatre Portraits de Préſidens, Conſeillers, Avocats, &c.

112. Quarante-un Portraits de Préſidens, Conſeillers, & autres Gens de Robe.

Seize Portraits de divers Particuliers, dont celui qui eſt connu ſous le nom de petit Milord, avec la lettre & ſans la lettre, & l'Avocat de Hollande.

Deux Portraits précieuſement deſſinés; ſçavoir, celui de Mademoiſelle de Scudery : il n'y a que la tête qui ſoit finie ; l'autre eſt celui de Gilles Ménages : ce Portrait eſt d'un fini admirable.

113. Vingt-un pieces du Roman Comique, la plûpart d'après les deſſeins de M. Oudry.

Le Pouſſin.

114. Dix-ſept pieces, dont le Frappement du Rocher, gravé par *Mademoiſelle Stella*; le Temps qui enleve la Vérité, c'eſt la rare, avant ſa Draperie ; le Pyrrhus ; le Coriolan, &c.

115. Les ſept Sacremens, gravés par *Gérard Audran*.

116. Huit pieces, dont l'Empire de Flore, le Teſtament d'Eudamidas, &c.

117. Les douze grands Payſages, par *Baudet*, & autres.

L'Œuvre de Perelle.

118. Conſiſtant en Payſages, Architectures, Bâtimens de France & d'Italie, en 402 pieces.

119. Seize pieces du Roman de Dom-Quichotte : elles ſont enluminées chez *Radigués.*

Rigaud Deſſinateur de vûes.

120. Cinquante morceaux, dont les actions les plus conſidérables d'un Siége : les Jeux de Provence, &c.

L'Œuvre d'Iſraël Sylveſtre contenu en trois volumes.

121. Le Tome premier contient 303 pieces.
Le Tome deuxiéme . . . 468.
Le Tome troiſiéme . . . . 163.

Les trois volumes . . . . . 934.

Jacques Stella.

122. Les Paſtorales, gravées en 16 mor-

ceaux, par *Mademoiselle Stella.*

Verdier.

123. L'Histoire de Samson, gravée en 40 morceaux.

Vatteau.

124. Deux Volumes, contenant les Etudes, au nombre de 350 pieces.

125. Cent seize morceaux, Sujets agréables & galans.

126. Cent soixante-quatre pieces, dont différens Sujets agréables & galans.

Wleughels.

127. Trente-sept pieces, gravées d'après ce Maitre.

Vanloo, Coypel, Parocel, & autres.

128. Quatorze morceaux d'après ces différens Maitres.

129. Le Manége du Roi Louis XIII. par Pluvinel, gravé par *Crispin de Pas*, Edition de 1623.

Plus, l'Art de monter à cheval, inventé & gravé par *Elie Ridinger.*

130. Le Sacre de Louis XIV. avec discours. in-fol. veau.

130. *

130.* Huit pieces, dont les quatre Elémens d'après *de Boullongne*, & les quatre Saisons d'après *Mignard*.

Les trois Siéges ; sçavoir, de l'Isle de Ré, de la Rochelle, & de Breda ; *de Callot*.

Nota. Il manque dans les bandes ou bordures de ces trois Siéges, quelques morceaux seulement.

Six pieces *de Callot*, dont la grande Thèse ; le Triomphe de la Vierge, avant le nom de Sylvestre ; la Tentation, & autres.

Quatre pieces *de Callot*, sçavoir, le Parterre de Nancy ; la Rue de Nancy, avant le nom de Sylvestre ; l'Evantail, & les Supplices, (belles épreuves & rares).

Vingt-quatre pieces, sçavoir, douze de *la Fage*, dont le Déluge ; le Passage de la Mer Rouge ; & les douze autres de *Roettiers* dont les quatre Elémens.

La Passion de Jesus-Christ, par *Greg. Huret*, en trente-deux pieces, anciennes épreuves.

Le Saint Pierre de Nolasque, piece recommandable & rare, de *Mellan*.

Vingt-neuf pieces, dont les Comédies de Moliere, par *Coypel* ; les Fables de La Fontaine, & le Roman Comique d'après *Pater*.

Neuf pieces du *Poussin*, dont les quatre Saisons ; la Mort de Germanicus ; le Temps qui enleve la Vérité, &c.

Six Portraits d'après *Rigaud*, dont les

Cardinaux Du Bois, de Fleury, d'Auvergne, &c.

Quinze pieces d'après *Le Brun*, *Coypel*, & autres bons Maîtres François, dont le Serpent d'airain, la Colere d'Achilles, &c.

Douze pieces de *Jouvenet*, & autres, dont le Magnificat, la Pêche miraculeuse, &c.

Trente pieces d'après *Champagne*, *Mignard*, *La Fosse*, *Le Moyne*, *&c.* dont le Coriolan; le Mariage de Sainte Catherine; une belle Vierge *d'Edelinck*, &c.

Six Portraits, sçavoir, le Prince de Galles; Mouton & Crispin par *Edeling*, Magalotti & Mezetin par *Vermeulen*, & Rousseau, par *Daullé*.

Quarante-huit Portraits, dont les différens Ages de Louis XIV; le Prince Cigala par *Picart*, &c.

Recueil des Statues & Bustes du Cabinet de Rheynst en 106 planches, par *Lairesse*, in-fol. veau.

Les Cris de Paris de M. Bouchardon, en 48 pieces, in-4°. veau.

Les Fêtes données par la Ville de Paris pour le mariage de Madame. *Cartâ maximâ*, veau.

Histoire Sacrée de l'Ancien & du Nouveau Testament, par *le Clerc*, en 140 pieces, in 8°. *obl.*

Les différens habillemens des Nations du Levant, in-fol. en feuilles

Les Hommes Illustres de Perrault, in-fol. veau, Tome premier.

CABINET DU ROY.

Premier article.

131. LES Tableaux du Cabinet du Roy, gravés en trente-neuf morceaux.

Les Statues & Bustes de Versailles, en soixante-un morceaux.

Les mêmes Tableaux du Roy, en vingt-six morceaux, & les Statues & Bustes en dix-huit, premiere édition; la Sainte Famille avant les Armes, in-fol. veau.

Second article.

132. Les Batailles d'Alexandre, gravées par *Gerard Audran.* Cette suite est premiere épreuve, & de l'impression de *Goiton.*

Les mêmes Batailles gravées par *J. Audran*, en six morceaux, premieres épreuves.

La Bataille surnommée aux Eléphans, deux épreuves, avec des différences.

La Bataille de Constantin, & son Triomphe.

Troisieme article.

133. L'œuvre de Vander-Meulen, ou les Conquêtes de Louis XIV. On y a joint tous les Paysages grands & petits, études de chevaux & autres; il contient 139 morceaux.

Quatrieme article.

134. Le grand Beaulieu, ou les Conquêtes de Louis XIII. & de Louis XIV. contenu dans trois grands Portefeuilles.

Cinquieme article.

135. Hiſtoire Militaire de Louis XIV. gravée par *le Clerc* & autres, appellées communément les petites Conquêtes, en 45 morceaux.

Sixieme article.

136. La Grotte de Verſailles, avec le diſcours, en 20 morceaux.

Septieme article.

137. Le Labyrinthe de Verſailles, en 41 Planches in-8°. relié en maroquin rouge.

Huitieme article.

138. Les Tapiſſeries du Roy, avec les Deviſes des Elémens & des Saiſons, relié en veau.

Neuvieme article.

139. Le Carrouſel de 1662, avec le diſcours latin.

Le même, avec le diſcours françois.

Dixieme article.

140. Les Fêtes de Verſailles.

Onziéme article.

141. Plans, Elévations, & Vûes du Château de Verſailles, avec les Baſſins, Statues & Vaſes.

Douzieme article.

142. Le grand Eſcalier de Verſailles, gravé en ſept Planches, par *Baudet*, avec la Franche-Comté, morceau capital, gravé par *Simoneau*.

Treiziéme article.

143. Le Plafond de la petite Galerie, par *Mignard*, en trois morçeaux ; plus la grande Galerie de S. Cloud, gravée en 17 morceaux.

Quatorzieme article.

144. Les Vûes, Plans & Elévations des Maiſons Royales, y compris le Louvre & les Tuileries, le Palais Royal, Vincennes, &c.

Quinzieme article.

145. Plans, Profils & Elévations de l'Hôtel Royal des Invalides.

Seizieme article.

146. Description de l'Hôtel Royal des Invalides, in-fol. veau.

Dix-septieme article.

147. Les Médaillons du Cabinet du Roy en 41 Planches, gravées par *Laboissiere.*

Dix-huitieme article.

148. Les Plantes de Dodart, avec le discours, in-fol. veau.

Dix-neuvieme article.

149. Les Animaux gravés par *le Clerc*, avec le discours, in-fol. veau.

Vingtieme article.

150. Recueil de plusieurs Traités de Mathématiques; sçavoir:
Résolution des quatre principaux Problêmes d'Architecture, par *Blondel.*
La mesure de la Terre, par *Picart.*
Traité de la Percussion du choc des Corps.
Nouvelle découverte touchant la vûe.
Traité du Nivelement, par *Mariote.*
Celui des Triangles, Rectangles en nombre, par *Frenicle.*
Nota. Ce volume est un des plus rare du Cabinet, in-fol. veau.

Vingt-unieme article.

151. Recueil d'Eſtampes gravées à l'eau-forte, par *M. le C. de C***.* d'après les plus beaux deſſeins du Cabinet du Roy, in-fol. veau.

152. Recueil de deux cent cinq morceaux, gravés à l'eau-forte, d'après plusieurs Grands Maîtres, par *M. le C. de C***.*

Mêlanges.

153. Trente-cinq morceaux, dont Etudes de Têtes, gravées par *Benedette, Bloemart, Blooteling*, &c.

154. Soixante-dix-ſept morceaux, d'après *André del Sarte, Parmeſan*, & autres Maîtres anciens & modernes.

155. Six cent morceaux, ou Recueil d'Eſtampes d'après divers Maîtres d'Italie & de France, dans leſquels ſont des ſujets allégoriques, Animaux, Payſages, Architecture, Modes, Titres de Livres, &c.

156. Les Plantes de l'Académie en 368 Planches, dont quelques-unes ſont doubles.

Cette ſuite eſt très-rare.

157. Figures du Livre des Arts & Métiers

de *M. de Reaumur*, au nombre desquels sont compris 12 morceaux plus petits.

158. Recueil de Vases de différens Maîtres, au nombre de 231 morceaux, parmi lesquels il s'en trouve une très-grande partie de dessinés.

159. Deux cent cinquante morceaux de divers Maîtres, sujets d'Histoire, Grotesques, Frises & Vignettes, avec quelques petits Maîtres, tels que Hisbins, George Pens, &c.

Cent cinquante cinq morceaux de petits Maîtres, Hisbens, Aldegrever, Théodore de Bry, & autres, dont l'Age d'Or, le Bal de Venise, la Fontaine de Jouvence, &c.

160. Huit morceaux intéressans, dont la piece appellée le Sabat, *par Jacques de Ghein*; autre Sabat, par *Vanvelde*; le Cheval à la mort, par *Albert Durer*; le Portrait de la Voisin, &c.

161. Sept pieces, dont la Paix de Munster, par *Suyderhoef*; les deux Batailles du Czar; le Parnasse François de M. Titon du Tillet; Statue Equestre de Louis le Grand, à Lyon, &c.

162. Cent quarante morceaux, sujets de piété, gravés par *Muller*, *Bolsvert*, *Goltzius*, & *Bloemaert*, in-fol. veau.

163. Quarante-neuf morceaux, dont le Jeu du Canal Royal, avec explication.

164. Trois cent trente - deux morceaux, Métamorphoses d'Ovide, & autres.

165 Cent quatre-vingt-seize morceaux, Portraits de Chefs d'Ordres, gravés en bois : d'autres de *Romain de Hooge*, & de *Hollard*; Carousels, Comédies, Vignettes, Feux d'Artifices, &c.

166. Vingt - quatre morceaux d'après les *Poussin*, *Santerre*, *Raoux*, *Coypel*, *&c.* y compris *Vertumne* & *Pomone*, d'après *Rembrandt*.

167. Topographie de Suabe & de Vestphalie, en cent quarante-cinq morceaux, par *Merian*.

168. Plans, Profils, & Elévations du Château de Versailles, &c. 1714 & 1715, chez *Mortain*.

169. Quarante sept Cartes, Plans, Siéges & Batailles.

170. Recueil de Charges, grotesques, Cris de Paris, & Réjouissances du bas Peuple, dont plusieurs sont gravés par *Hollard* & autres, en 236 pieces.

171. Réjouissances publiques, & Feux d'Artifices, en trente morceaux.

172. Cris de Paris & autres Plaisanteries, en cent trente-neuf morceaux.

173. Recueil contenant des Réjouissances & Cris de Paris ; Charges & Grotesques ; Décorations de Théatre ; Habillemens d'Acteurs, au nombre de cent quatre-vingt-deux morceaux.

174. Recueil contenant les Ornemens du Louvre ; les 12 mois de l'année, par *Audran*, & autres Ornemens ; Trophées, Frises, Cartouches, &c. au nombre de cent cinquante-huit pieces.

175. Vingt cinq morceaux, dont la Statue Equestre d'Henry IV. les Pyramides de Jean Châtel & autres ; la Carte des Environs de Paris, par MM. de l'Académie, &c.

176. Seize morceaux, dont les Conquêtes d'Uladislas IV. Roy de Pologne, & autres sujets.

177. Trente pieces, sept Estampes Historiques du T.

178. Pierres gravées du Cabinet du Roy, par *Mademoiselle Cheron* & *Simoneau*, au nombre de quarante-cinq morceaux.

179. Pierres gravées sous ce titre ; *Effigies Virorum ac fœminarum illustrium in IX. partibus, vel iv. voluminibus distinctæ :*

Lugd. Bat. sumptibus Petri Vander AA. in-fol. en 1 vol. broché.

180. Recueil de diverses Estampes, parmi lesquelles on a joint beaucoup de Desseins anciens, au nombre de trois cent vingt-deux morceaux.

181. Recueil de pieces Historiques, concernant l'Eglise de Chartres, avec les noms & les Armes des Evêques de ce Diocèse.

Ce volume est enrichi d'observations MSS. & qui peuvent être très-utiles à l'Histoire.

182. Différens Sujets & Figures gravés en bois, in-4°. parchemin.

183. Recueil de différens ouvrages d'Orfévrerie, in-4°. veau.

184. Recueil contenant les Caracteres d'écritures, ou Alphabets de toutes les Nations, & leurs usages ; les lettres majuscules depuis que l'on imprime & que l'on grave; les Lettres doubles & chiffres, avec plusieurs Traités d'écritures & leurs exemples ; le tout au nombre de plus de 600 morceaux.

185. Recueil d'Oiseaux & Animaux coloriés ; sçavoir Sangliers & Chiens ; & des Chevaux dessinés : en tout, cent dix-huit morceaux.

186. Livres d'Animaux antipatiques, ajustés

en termes, par *Jacques Boillot de Langres*, ancien Controlleur des Bâtimens du Roy, avec explication, en quarante-neuf figures.

187. Cent dix-huit pieces Hiſtoriques, ſçavoir Feux d'Artifices, Catafalques, &c.

Soixante pieces *idem*, dont le renouvellement de l'Alliance des Suiſſes, d'après *le Brun*, par *Nolin*; le Catafalque de Charles XI. Roy de Suéde, & autres.

Quatre-vingt-treize pieces de *Romain de Hooge*; des petits Maîtres & autres.

Soixante-quatre pieces Topographiques de la France, dont la Place Royale de Bordeaux.

Hiſtoire naturelle.

188. Deux cent vingt-huit morceaux, Oiſeaux de toutes eſpeces.

Vingt-trois Oiſeaux peints à *guazze*, parmi leſquels il s'en trouve de très-finis.

Dix-ſept Inſectes coloriés & peints à *guazze*.

Quarante-neuf Papillons, dont ceux gravés par *Hollard*.

Mæneocardus echinatus, Plante peinte en miniature, d'un fini qui peut la faire regarder comme de la main du célébre *Robert*.

Cinquante-quatre feuilles de Fleurs,

par *Robert*, *Baptiste & autres.*

Onze pieces, dont deux Plantes de *Chardon*, coloriées, & le Vase de Fleur, gravé par *Smit.*

189. Six cent quarante-six morceaux, Quadrupedes & Reptiles.

Ce Recueil est recommandable par le choix des Maitres; ce sont tous morceaux gravés par *Berghem*, *Hollard*, *Visscher*, *P. Pooter*, *le Clerc*, *la Belle*, & autres.

Plus six Animaux, Singes & autres, peints à *guazze*, & très-finis.

190. Quatre-vingt feuilles de différens Poissons de mer.

Trente-un Poissons de mer très-bien dessinés, & lavés au bistre.

Cent cinquante-neuf feuilles, Poissons de mer & de riviere, dont quelques-uns de *Collaert*, *Albert Flamen*, *le Clerc* & autres.

Vases.

Recueil de Vases antiques & modernes, gravés par *Polydore*, *Hollard*, *la Belle*, *le Pautre* & autres, au nombre de quatre cent quarante-six morceaux.

Vases curieux dessinés d'après les Originaux, qui anciennement servoient à divers usages, au nombre de six desseins.

191. Recueil de Vases, Frises & autres Ornemens, au nombre de deux cent cinquante-huit morceaux, in-fol. rélié en veau.

Modes ou Habillemens.

192. Desseins Chinois sur velin, en onze feuilles.

193. Cent soixante-quatre modes de France dessinées & coloriées, recueillies depuis Philippe Auguste (1223,) jusqu'au Regne de Charles IX. (1570).

194. Deux cent cinquante-six Modes de France, *idem*, recueillies depuis Charles IX (1570) jusqu'à Louis XIV.

195. Cent trois modes de France & de Pays Etrangers pendant le Regne de Louis XIV.

196. Quatre cent vingt-sept Modes d'Allemagne, Pays-Bas Catholiques, Provinces-Unies, Espagne, Angleterre, &c. dont partie dessinée & coloriée, & partie gravée par *Hollard*.

197. Deux cent trente-deux Modes de Venise, Turquie, Moscovie, la Chine, la Perse, la Grece, la Judée, partie gravée, partie dessinée & coloriée, avec des explications.

198. Cent Estampes des différentes Nations du Levant de M. *de Feriol*, où l'on a joint quelques Figures & Entrées Turques, &c. ce qui rend ce recueil plus étendu qu'il n'est annoncé; au nom-

bre de cent trente-quatre pieces.

199. Quatre-vingt-treize Modes de la Chine.

200. Deux cent trente-trois Modes de France, du Regne de Louis XIV. dont celles gravées par *Saint-Jean*, & quelques-unes enluminées. 1 vol. veau.

201. Cent quatre-vingt-treize Modes des Seigneurs de la Cour de Louis XIV par *Saint-Jean*, *Bonnard*, & autres. 1 vol. veau.

202. Deux cent trente-cinq Modes de *Trouvain*, *Bonnard*, & autres. 1 vol. veau.

203. Deux cent dix-sept Modes de la Cour par *Bonnard*, & autres. 1 vol. veau.

204. Vingt-sept Modes & autres pieces.

205. Cent vingt-huit Modes & Portraits de divers Etats, sous le Regne de Louis XIV. 1 vol. veau.

206. Cent quatre-vingt-treize Modes de divers Pays, gravées par *Romain de Hogge*. 1. vol. veau.

207. Deux cent treize Modes de diverses Nations, & Habillemens de différens Ordres Monastiques, par *Odoard Fialetti*, *Picart*, & autres. 1 vol. veau.

208. Recueil de Modes Etrangeres. 1 vol. in-fol. *obl.* veau.

209. Fêtes des Vénitiens, ou le Carnaval de Venise, in-fol. papier marbré.

Habillemens de Théâtre.

210. Deux cent quatre-vingt-cinq pieces d'Habillemens & Réglemens pour les Acteurs de l'Opera, & des Comédies Françoises & Italiennes, dont quelques figures coloriées.

211. Cent soixante-dix-sept Desseins d'Habillemens d'Acteurs de l'Opera, dont quelques-uns coloriés par *Berain*.

212. Deux cent neuf feuilles d'Habillemens d'Acteurs de l'Opera, partie coloriées, partie dessinées à l'encre de la Chine, & d'autres simplement au trait.

213. Le Sacre de Louis XV. avec le Discours, reliés très-proprement en veau, doré sur tranche, *Cartâ maximâ.*

214. Le Plan de Paris, fait par ordre de M. Turgot, relié en veau, *Cartâ maximâ.*

215. Les Fêtes données par la Ville de Paris, sous la Prevôté de M. Turgot, à l'occasion du Mariage de Madame

Elisabeth de France, avec Dom Philippe, Infant d'Espagne. 1 vol. *Cartâ maximâ*, maroquin rouge.

216. Le petit Beaulieu relié en trois volumes in-4°. *obl.* veau.

217. Le Songe de Poliphile, avec figures gravées en bois. in-fol. veau.

218. Saints crucifiés en Angleterre. in-fol. parchemin.

219. La Doctrine des mœurs, enrichie de figures gravées en taille douce. 1 vol. veau.

220. Le Cabinet des Beaux Arts. in-fol. *obl.* veau.

221. Vûes des Palais de Plaisance du Roi d'Espagne. in-fol. *obl.* maroquin rouge.

222. Fêtes, Carousels & Tournois, donnés par différens Princes d'Allemagne. in-fol. *obl.* veau.

Portraits.

223. Recueil de Portraits des Papes, gravés en bois. Rome 1595. in 8°. veau.

224. Trente-cinq Portraits de la Maison de Médicis.

Quarante-deux Portraits des Plénipotentiaires de la Diette de Ratisbone.

225. Vingt-sept Portraits de Rois, Reines, Princes & Seigneurs de France, la plupart gravés par *Drevet*.

Dix-huit Portraits, Gens d'Eglise, dont partie gravés par *Edelinck*.

Quinze Portraits, Généraux d'armées, & autres Officiers, par *Drevet*, *Vermeulen*, &c.

Vingt-trois Portraits, Gens de Robe, & autres; par *Edelinck*, *Masson*, *Nanteuil*, &c.

Dix-huit Portraits d'Artistes célebres, &c. par *Edelinck*, *Chereau*, & autres.

Dix-huit Portraits, Hommes Illustres, par *Edelinck*, *Roullet*, & autres.

Vingt-deux Portraits, gravés par *Edelinck*, *Desplaces*, & autres.

Six Portraits, gravés par *Duflos* & *Drevet*, dont celui de l'Abbesse de Chelles.

Six Portraits, gravés par *Edelinck*, dont le petit Keller, celui de Champagne, & autres.

Le Portrait du Comte de Harcourt, surnommé *Cadet à la Perle*, par *Masson*.

Le Portrait, à cheval du Duc de la Valette, par *Callot*.

226. Sept Portraits de France, dont celui de Madame Boucher, peinte en Vestale par *Raoux*, rare.

Quarante-cinq Portraits de France, &c. dont Louis XV. à cheval, par *Larmessin*.

227. Cinquante-trois Portraits de l'illuſtre Famille de Colbert, gravés par *Edelinck*, *Nanteuil*, & autres.

Portraits de Rigaud.

228. Quatre Portraits, dont celui de Gendron, gravé par *Daullé.*

Louis XIV. en pied, par *Drevet.*

Samuel Bernard, par *Drevet fils.*

Sept Portraits de Prélats, dont le Cardinal de Fleury, *par Drevet.*

229. Neuf Portraits, dont Louis XV. le Duc de Bourgogne, Pere du Roi : Madame, le Prince de Conti, &c.

Six Portraits de Prélats, dont le Cardinal Du Bois, M. de Beauveau Archevêque de Narbonne, &c.

Le Portrait de M. Boſſuet, par *Drevet fils* ; c'eſt le chef-d'œuvre du Peintre & du Graveur.

Huit Portraits d'Eccléſiaſtiques dont M. l'Abbé de Fourci.

Neuf Portraits de Maréchaux de France & autres Grands Officiers, dont MM. de Villars, de Villeroy, & autres.

Neuf Portraits de Miniſtres, dont M. Colbert de Torci, &c.

Six Portraits de Princeſſes & Dames, dont la Ducheſſe de Nemours.

Dix-huit Portraits d'Illuſtres dans les Lettres & dans les Arts, dont Boileau, Léonard, Desjardins, &c.

Dix-ſept Portraits de divers états dont

celui de La Fontaine, par *Edelinck*, &c.

230. Les Hommes Illuftres de Perrault, gravés par les meilleurs Maîtres du temps, les deux volumes reliés en un. veau.

231. Vingt-neuf Deffeins & Portraits anonimes.

Portraits deffinés au Paftel.

232. Dix Portraits de Princes & Seigneurs, dont Gafton d'Orleans, Frere de Louis XIII.

Douze autres, dont M. de Balagny.

Douze autres, dont M. de Lodeun.

Douze autres, anonimes.

Portraits gravés en maniere noire par Smith.

233. Douze Portraits, Hommes & Femmes, dont Marie, Reine d'Angleterre.

Douze autres Portraits, hommes & femmes, dont la Reine Anne.

Douze autres, *idem*, dont la Ducheffe de Malbourough.

Douze autres, *idem*, dont Elifabeth-Cromwel, &c.

233. Douze autres, *idem*, dont Madame Loftus.

Douze autres, *idem*, dont Madame d'Avenant.

Douze autres, *idem*, dont Madame Willmot.

Treize autres, *idem*, Madame Scherard.

Dix autres, *idem*, dont Madame Kneller ; le Frere Quêteur, &c.

Dix autres, *idem*, dont la Joueuse de Luth ; le Doge de Venise ; Baggerus, &c.

Dix autres, *idem*, dont M. Anne Warner ; la petite Veuve, ou Comtesse de Salisbury, Lord Exeston, &c.

Neuf Portraits, dont la Duchesse de Grafton, le Maréchal de Schomberg, &c.

Quatre Pieces ou Sujets, dont la Venus du *Correge* ; Psiché & l'Amour ; Venus & l'Amour, d'après *Luc Jordans*, &c.

Quatre pieces, dont la Magdeleine à la Lampe, & celle au Chardon, &c.

Deux pieces, sçavoir la Sainte Famille, d'après *Carle Marat*, & la Vierge du *Baroche*.

Cinquante Portraits gravés en noir, par *Simon*, *Bechet*, & autres.

Dix Portraits d'Angleterre, gravés par *Hollard* & autres, dont le Roy Jacques & sa femme, d'après *Vandick*.

Portraits & Sujets gravés en noir.

234. Vingt-deux Portraits, dont les Roys Indiens.

Vingt Portraits, la plus grande partie gravés par *Whit*, dont celui de Baptiste Monoyer.

Treize pieces connues sous le nom de beautés de Hamptoncourt, gravés par *Fabert*, y compris le Portrait de Keller.

Huit ſujets gravés par *Fabert*, d'après *le Mercier*, dont une Ecole de garçons, & une autre de filles.

235. Trente-trois Portraits par *Fabert* & autres.

Trente Portraits de Dames & autres.

Trente-quatre Portraits de Sçavans & autres.

236. Quarante-deux Portraits, différentes perſonnes étrangeres, gravés par *Veighel*, & autres.

Douze Portraits d'Angleterre, gravés par *Houbrake*.

237. Vingt-quatre Portraits de l'Allemagne, dont l'Empereur.

238. Dix-ſept Portraits d'Italie, Papes, Cardinaux, Princes, dont le Duc & la Ducheſſe de Savoye, par *Nanteuil*.

Cinq autres, ſçavoir le Duc & la Ducheſſe de Toſcane, par *Edelink*, celui de Coſme II. par *Callot*, & deux autres par *Fr. Spierre*.

Dix-ſept Portraits, dont celui de Juſtinien, par *Melan*, rare; & pluſieurs autres par *Hollar*.

Vingt-ſix Portraits, dont les Empereurs, par *Sadeler* & autres.

Dix-ſept Portraits par *Muller*, *Vorſterman*, dont les Electeurs & autres Princes.

Dix-huit Portraits de divers Seigneurs étrangers, par *Edelink*, *Hollar*, *Vermeulen*, &c.

Vingt trois Portraits de Suéde, Danemarc, &c. dont le Comte de Sinzindorff, par *Drevet.*

Le Portrait d'Andreas Deonifzoon Winius, appellé communément le Portrait *au Pistolet*, par *C. Wischer.*

Portraits laplûpart Hollandois, sçavoir,

239. Huit Portraits & Sujets, gravés par *Rom. de Hooge*, dont le Massacre de Jean de Wit & son Portrait.

Dix-huit Portraits Espagnols & autres, gravés par *Wosterman*, *Drevet*, & dont le Comte d'Olivarès.

Six Portraits, dont celui de Rubens, par *P. Pontius*, & Dom Juan d'Autriche, par *Nanteuil.*

Dix-neuf Portraits de la Maison d'Orange, gravés par *Delff.*

Vingt-deux Portraits, Amiraux de Hollande, &c. par *Blooteling*, & autres.

Quatre Portraits gravés par *C. Wischer*, sçavoir celui de *Gellius de Bouma*, de *Coppenol*, de *Pauw*, & de l'antiquaire.

Vingt deux Portraits gravés par *Edelink*, *Blooteling*, &c. dont celui de *Bidloo.*

Suite des Portraits & Sujets Hollandois, gravés en noir.

240. Dix-huit pieces d'après *Ostade*, *Teniers* & autres Maîtres, dont les Singes dans le Corps-de-Garde.

Vingt-deux pieces d'après *Terburg*, *Te-*

niers & autres Maîtres, dont les Jours de Cartes.

Trente-quatre Portraits, dont l'Amiral Ruyter, Jean de Bart & autres.

Cinq Sujets de Fables, dont le Peintre peignant d'après le modéle, &c.

Treize Portraits, par *Blooteling & autres*, dont celui de *Vander-Helft.*

Quarante-neuf Portraits d'Angleterre, Rois, Princes & Seigneurs, gravés par *Gunst*, avec le petit Mylord, par *Nanteuil.*

241. Portraits de la Famille des Fuggers, avec le discours, in-fol. veau.

242. Cent quatre-vingt-dix-sept Portraits d'Hommes Illustres dans les Lettres & dans les Arts, y compris quelques sujets.

Trois cens trente-cinq Portraits d'Hommes Illustres dans les Lettres & dans les Arts.

Cent soixante-un Portraits *Idem.*

Cent soixante-dix-neux Portraits *Idem.*

243. Cent quatre-vingt-douze Portraits de Philosophes, Critiques & autres Sçavans.

244. Médailles gravées en bois, in-8°. parchemin.

245. Recueil de Portraits des Capitaines Illustres avec leurs éloges; Rome 1635, in-4°. veau.

246.

246. Habits antiques & modernes de divers Pays du Monde, gravés en bois d'après *le Titien*. Venise, 1590, in-8°. parchemin.

247. Portraits des Archiducs d'Autriche, in-fol. parchemin.

248. Cent soixante-deux Portraits de Rois de Hongrie & Dannemarck.

249. Recueil de Portraits des Peintres Flamands par Meyssens, in-4°. veau.

Le Cabinet Romain par de la Chausse, Amsterdam, 1706, in-fol. relié en veau.

Les Portraits qui vont être compris depuis le n°. 250 jusqu'au n°. 273, sont rangés alphabétiquement. Cette méthode a paru la plus commode pour trouver aisément le portrait que l'on cherche, sans avoir recours à un Dictionnaire, qui ne présente pas toûjours au coup d'œil, l'éloge concis en peu de vers, ou latins ou françois, qui ordinairement se placent au bas du Portrait.

A.

250. Cent quatre-vingt-un Portraits que le mêlange des conditions rend très-intéressans.

Cent Portraits *Idem.*
Trois Portraits dessinés & coloriés.

B 1.

251. Cent Portraits divers rangés sous cette lettre.
Cent quarante-neuf portraits *Idem.*
Quatre Portraits dessinés & coloriés.

B 2.

252. Cent vingt-six Portraits divers sous la lettre B.
Soixante Portraits *Idem.*
Deux Portraits dessinés & coloriés.

B 3.

253. Cent quatre Portraits divers sous la lettre B.
Cent Portraits *Idem.*
Six Portraits dessinés & lavés.

C 1.

254. Cent huit Portraits divers sous cette lettre.
Cent Portraits *Idem.*
Un Portrait dessiné.

C 2.

255. Cent vingt Portraits divers.
Cent Portraits *Idem.*
Treize Portraits dessinés & coloriés.

D.

256. Soixante-ſept Portraits divers.
Soixante *Idem.*
Six Portraits deſſinés & coloriés.

E.

257. Soixante-treize Portraits divers.
Six autres, dont quatre ſont deſſinés.

F.

258. Cent vingt-cinq Portraits divers.
Cent Portraits *Idem.*
Deux Portraits deſſinés.

G.

259. Cent cinquante-trois Portraits divers.
Cent Portraits *Idem.*
Trois Portraits deſſinés.

H.

260. Cent Portraits divers.
Quatre-vingt-quinze Portraits *Idem.*
Deux Portraits deſſinés.

I.

261. Soixante-ſix Portraits divers.
Un Portrait deſſiné.

K.

262. Trente-cinq Portraits divers.
Un Portrait deſſiné.

L.

263. Cent trente Portraits divers.
Quatre-vingt Portraits *Idem.*
Vingt-quatre Portraits dessinés & coloriés.

M.

264. Cent vingt-quatre Portraits divers.
Cent dix Portraits *Idem.*
Cent Portraits *Idem.*
Quatorze Portraits dessinés & lavés.

N.

265. Quatre-vingt-cinq Portraits divers.
Trois Portraits dessinés.

O.

266. Soixante Portraits divers.

P.

267. Cent sept Portraits divers.
Cent Portraits *Idem.*
Quatre-vingt-dix-sept Portraits *Idem.*
Quatre Portraits dessinés.

Q.

268. Dix-huit Portraits divers.

R.

269. Soixante-dix-sept Portraits divers.

Soixante-ſix Portraits *Idem.* 17.
Dix-ſept Portraits coloriés & deſſinés. 10

S.

270. Cent ſeize Portraits divers.
Cent Portraits *Idem.* 27 10
Quatre-vingt Portraits *Idem.*
Onze Portraits coloriés & deſſinés.

T.

271. Cent Portraits divers.
Quatre-vingt-trois Portraits *Idem.* 14.
Six Portraits deſſinés.

V.

272. Cent quarante-cinq Portraits divers.
Cent Portraits *Idem.*
Six Portraits deſſinés & coloriés. 24 6

X. Z.

273. Quinze Portraits divers.

Un paquet de Bordures ou Cartouches, pour renfermer des Titres. 11 1.

Un paquet de differentes Eſtampes de peu de valeur. 1 10

FIN.

www.ingramcontent.com/pod-product-compliance
Ingram Content Group UK Ltd.
Pitfield, Milton Keynes, MK11 3LW, UK
UKHW020946180726
13838UKWH00003B/1164